A DOSE DO DIA
(A DOZEN A DAY)

Exercícios Técnicos
PARA PIANO
*a serem executados
todos os dias*
ANTES *da aula*

por

Edna-Mae Burnam
Tradução de Bruno Quaino

LIVRO PREPARATÓRIO

Nº Cat.: BQ066

© Copyright 1957 by THE WILLIS MUSIC CO. - Cincinnati (Ohio) - USA.
International Copyright Secured - All rights reserved.

HAL•LEONARD® CORPORATION
7777 W. BLUEMOUND RD. P.O. BOX 13819 MILWAUKEE, WI 53213

Publicado sob licença de Hal Leonard Co.

Todos os direitos reservados,
para língua portuguesa no Brasil, a

Irmãos Vitale Editores Ltda.
vitale.com.br
Rua Raposo Tavares, 85 São Paulo SP
CEP: 04704-110 editora@vitale.com.br Tel.: 11 5081-9499

CIP-BRASIL. CATALOGAÇÃO NA FONTE
SINDICATO NACIONAL DOS EDITORES DE LIVROS - RJ.

B919d

Brunam, Edna-Mae, 1907-2007.
   A dose do dia : exercícios técnicos para piano a serem executados todos os dias antes da aula, (livro preparatório) / Edna-Mae Brunam ; tradução de Bruno Quaino. - 1. ed. - São Paulo : Irmãos Vitale, 2013.
   36 p. : il. ; 28 cm.

Tradução de: A dozen day
ISBN 978-85-7407-386-6

1. Música. 2. Música para piano. 3. Partituras. I. Título.

13-04796   CDD: 786.2
                                                                                                                       CDU: 78.089.7

02/09/2013   04/09/2013

INDICE

EDNA-MAE BURNAM..5
Palavra a Alunos e Professores

GRUPO I..7
1. Andando
2. Correndo
3. Saltitando
4. Pulando
5. Spaccato
6. Respirando Fundo
7. Fazendo Piruetas
8. Flexionando os Joelhos
9. Pulando de Pé Direito
10. Pulando de Pé Esquerdo
11. Plantando Bananeira
12. Agora Estou Pronto pra Tocar Vamos a Aula Começar

GRUPO II..12
1. Espreguiçando
2. Correndo na Ponta dos Pés
3. Pulando dos Degraus da Sacada
4. Subindo na Escada
5. Descendo da Escada
6. Dando Pulos de Sapo
7. Suspenso na Barra Fixa pela Mão Direita
8. Suspenso na Barra Fixa pela Mão Esquerda
9. Suspenso na Barra Fixa pelas Duas Mãos
10. Jogando Iô-Iô
11. No Balanço
12. Agora Estou Pronto pra Tocar Vamos a Aula Começar

GRUPO III..16
1. Respirando Fundo
2. Rolando no Chão
3. Fazendo Piruetas
4. Saltitando
5. Pulando Corda
6. Na Cadeira de Balanço
7. No Enrola e Desenrola do Balanço
8. Batendo Corda
9. Escalando
10. Ping Pong
11. Exercícios de Abdominal
12. Agora Estou Pronto pra Tocar Vamos a Aula Começar

GRUPO IV..21
1. Respirando Fundo
2. Passeando em Dia de Sol, Depois em Dia de Chuva
3. Saltitando em Dia de Sol, Depois em Dia de Chuva
4. Fazendo Piruetas em Dia de Sol, Depois em Dia de Chuva
5. Pulando em Dia de Sol, Depois em Dia de Chuva
6. Correndo em Dia de Sol, Depois em Dia de Chuva
7. Andando com Pé de Pombo
8. Torcendo os Dedos dos Pés
9. Na Gangorra
10. Espreitando Através dos Joelhos
11. Quicando Bola
12. Agora Estou Pronto praTocar Vamos a Aula Começar

GRUPO V..27
1. Subindo Morro Acima
2. Tomando Bastante Fôlego ao Subir o Morro
3. Correndo Morro Acima
4. Saltitando Morro Acima
5. Fazendo Piruetas Morro Acima
6. Pulando Morro Acima
7. Jogando Box
8. Rodando Pião
9. Rolando o Aro
10. Abrindo os Braços, Mas na Ponta dos Pés
11. Upa, Upa, Cavalinho!
12. Agora Estou Pronto pra Tocar Vamos a Aula Começar

Muitas pessoas fazem exercícios todas as manhãs antes de sair para o serviço.

Da mesma forma, devemos exercitar nossos dedos todos os dias antes de iniciar a aula de piano.

O objetivo deste livro é auxiliar o desenvolvimento de mãos fortes e dedos flexíveis.

Não queira tentar aprender os primeiros doze exercícios de uma vez; estude apenas dois ou três exercícios e pratique-os todos os dias antes de começar a sua aula de piano. Quando esses movimentos estiverem bem dominados, passe para o próximo e assim por diante, até conseguir fazer os doze exercícios com perfeição.

Quando a primeira dúzia, ou o Grupo I, estiver assimilado e sendo praticado com perfeição, o Grupo II poderá ser iniciado, seguindo a mesma conduta.

Quando o método inteiro estiver concluído, quaisquer dos Grupos poderão ser transpostos para outras tonalidades. Aliás este é um procedimento que aconselhamos.

Edna-Mae Burnam (☆1907✝2007)
(Tradução de Bruno Quaino)

A Chris e Billy

Grupo I
1. Andando
(Walking)

2. Correndo
(Running)

3. Saltitando
(Skipping)

4. Pulando
(Jumping)

5. Spaccato
(The Splits) (Le Grand Écart)

6. Respirando Fundo
(Deep Breathing)

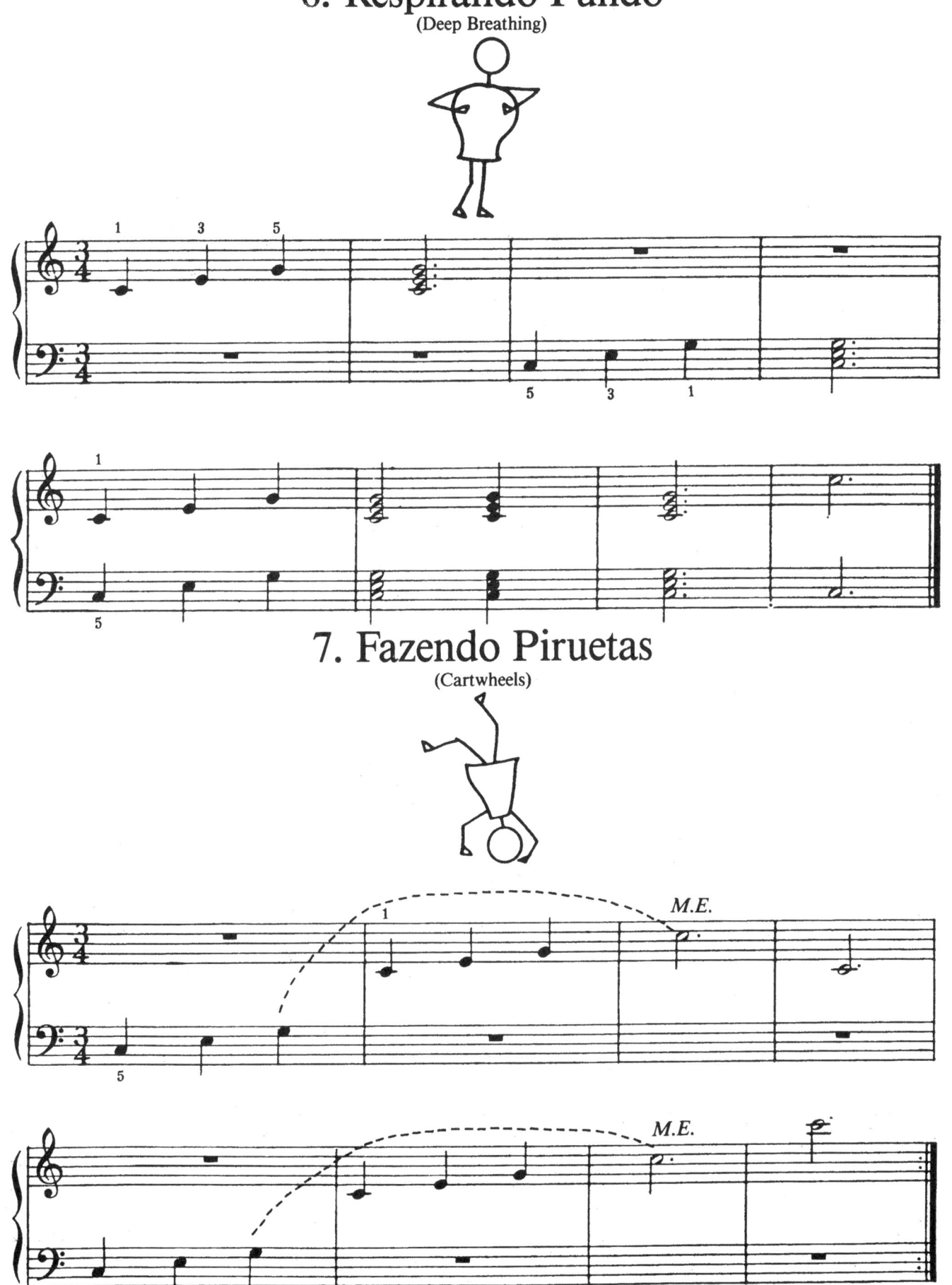

7. Fazendo Piruetas
(Cartwheels)

8. Flexionando Os Joelhos
(Deep Knee Bend)

9. Pulando De Pé Direito
(Hopping On Right Foot)

10. Pulando De Pé Esquerdo
(Hopping On Left Foot)

11. Plantando Bananeira
(Standing On Head)

Quase! Um pouco mais acima. Consegui!

12. Agora Estou Pronto Pra Tocar
Vamos A Aula Começar
(Fit As A Fiddle And Ready To Go)

Com de - dos for - tes, sei to - car tam - bém
Fit as a fid - dle, Keep my fin - gers strong,

co - mo um vio - li - no to - co mui - to bem.
Fit as a fid - dle, Sing and play a song.

Grupo II
1. Espreguiçando
(Stretching)

2. Correndo Na Ponta Dos Pés
(Tiptoe Running)

3. Pulando Dos Degraus Da Sacada
(Jumping Off The Front Porch Steps)

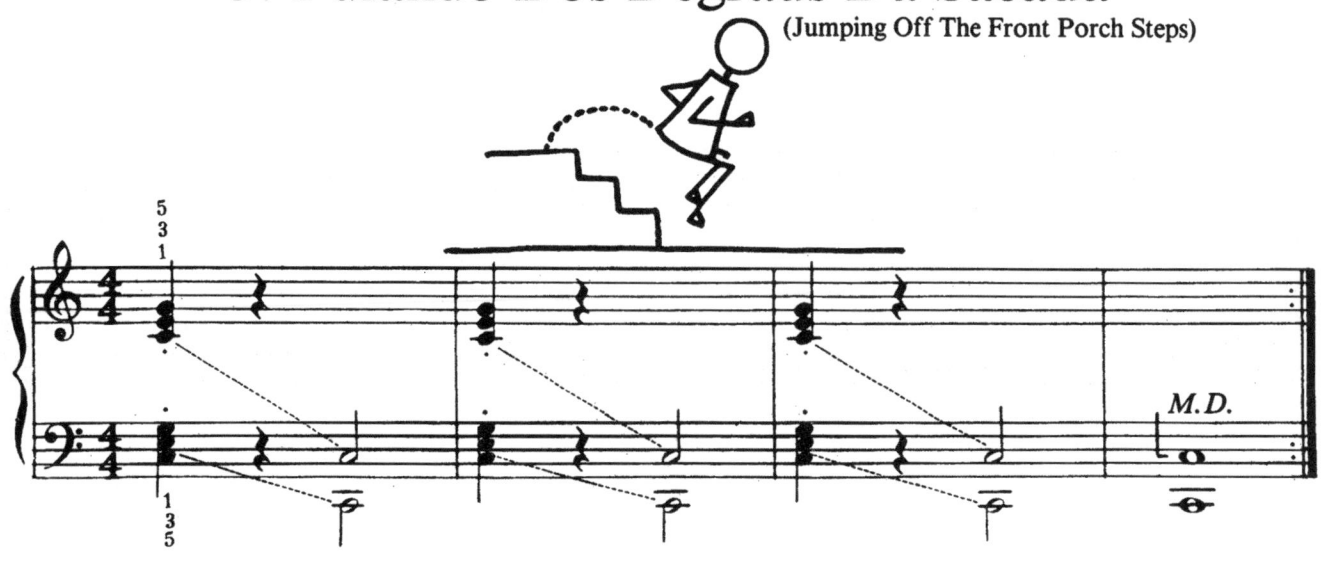

M.D.

4. Subindo Na Escada
(Climbing Up A Ladder)

5. Descendo Da Escada
(Going Down A Ladder)

6. Dando Pulos De Sapo
(Jumping Like A Frog)

7. Suspenso Na Barra Fixa Pela Mão Direita
(Hanging From Bar By Right Hand)

8. Suspenso Na Barra Fixa Pela Mão Esquerda
(Hanging From Bar By Left Hand)

9. Suspenso Na Barra Fixa Pelas Duas Mãos
(Hanging From Bar With Both Hands)

10. Jogando Iô-Iô
(Playing With A Yo-Yo)

11. No Balanço
(Swinging)

12. Agora Estou Pronto Pra Tocar Vamos A Aula Começar
(Fit As A Fiddle And Ready To Go)

Com de- dos for- tes, vou fi- car;
Fit as a fid- dle, All day long;

co- mo um vi- o- li- no sem- pre a to- car.
Ex- er- cise will make my fin- gers ve- ry strong.

Grupo III
1. Respirando Fundo
(Deep Breathing)

2. Rolando No Chão
(Rolling)

3. Fazendo Piruetas
(Cartwheels)

4. Saltitando
(Skipping)

5. Pulando Corda (Lento E Acelerado)
(Jumping Rope — Slow, And "Red Pepper" —)

6. Na Cadeira De Balanço
(Rocking)

7. No Enrola E Desenrola Do Balanço
(Round And Round In A Swing)

Enrolando

Lento

Desenrolando

Mais Rápido

8. Batendo Corda
(Jump The River)

9. Escalando
(Climbing)

10. Ping Pong
(Ping Pong)

11. Exercícios De Abdominal
(Sitting Up And Lying Down)

12. Agora Estou Pronto Pra Tocar
Vamos A Aula Começar
(Fit As A Fiddle And Ready To Go)

Co - mo um vio - li - no to - co os e - xer - cí - cios sem pa - rar;
Fit as a fid - dle, Ex - er - cise my fin - gers ev - 'ry day;

co - mo um vio - li - no es - ta me - lo - di - a vou to - car.
Fit as a fid - dle, Ex - er - cise will make my fin - gers play.

Grupo IV
1. Respirando Fundo
(Deep Breathing)

2. Passeando Em Dia De Sol, Depois Em Dia De Chuva
(Walking On A Sunny, Then A Cloudy Day)

Dia de Sol

Dia de Chuva

3. Saltitando Em Dia De Sol, Depois Em Dia De Chuva
(Skipping On A Sunny, Then A Cloudy Day)

4. Fazendo Piruetas Em Dia De Sol, Depois Em Dia De Chuva
(Cartwheels On A Sunny, Then A Cloudy Day)

5. Pulando Em Dia De Sol, Depois Em Dia De Chuva
(Jumping On A Sunny, Then A Cloudy Day)

Dia de Sol

Dia de Chuva

6. Correndo Em Dia De Sol, Depois Em Dia De Chuva
(Running On A Sunny, Then A Cloudy Day)

Dia de Sol

Dia de Chuva

7. Andando Com Pé De Pombo
(Walking Pigeon-toed)

8. Torcendo Os Dedos Dos Pés
(Wiggling Toes)

Pé Direito

Pé Esquerdo

Os Dois Pés

9. Na Gangorra
(Teeter-Totter)

10. Espreitando Através Dos Joelhos
(Peeking Between Knees)

11. Quicando Bola
(Bouncing A Ball)

12. Agora Estou Pronto Pra Tocar Vamos A Aula Começar
(Fit As A Fiddle And Ready To Go)

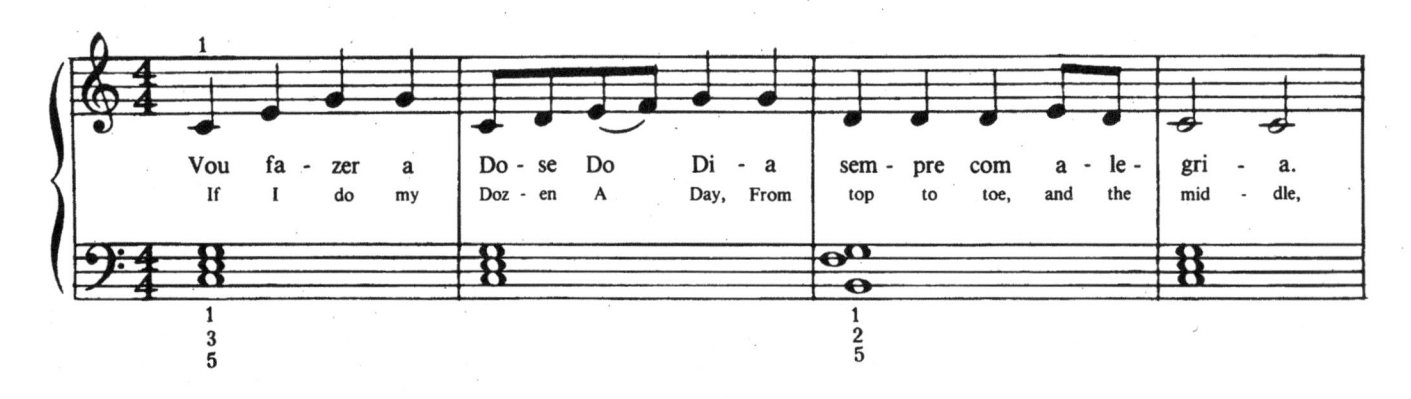

Vou fazer a Do-se Do Di-a sem-pre com a-le-gri-a.
If I do my Doz-en A Day, From top to toe, and the mid-dle,

De A a Z eu vou to-car, e bem á-gil vou fi-car.
Then I know I'll al-ways stay, Just as fit as a fid-dle.

Grupo V
1. Subindo Morro Acima
(Walking Up A Hill)

2. Tomando Bastante Fôlego Ao Subir O Morro
(Taking Deep Breaths While Walking Up A Hill)

3. Correndo Morro Acima
(Running Up A Hill)

4. Saltitando Morro Acima
(Skipping Up A Hill)

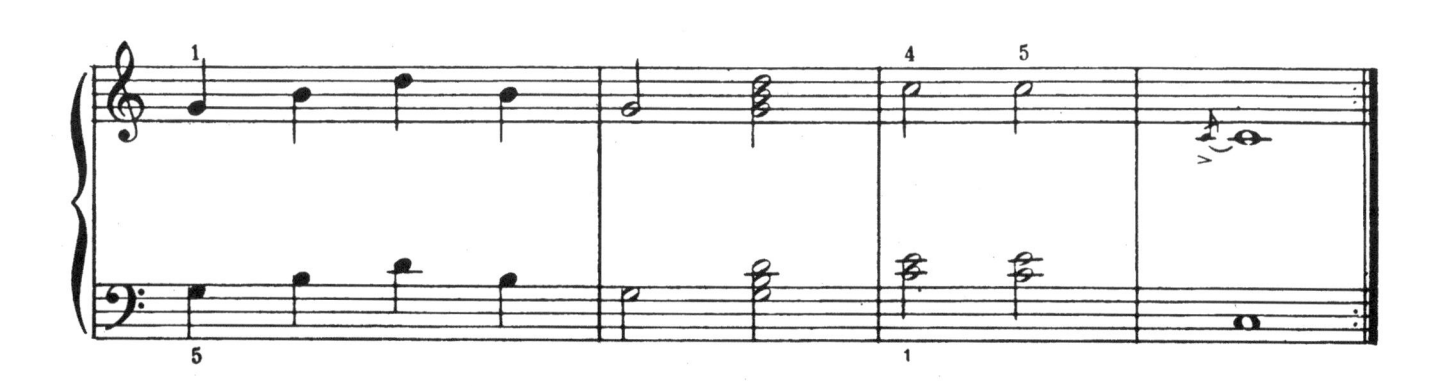

5. Fazendo Piruetas Morro Acima
(Cartwheels Up A Hill)

6. Pulando Morro Acima
(Jumping Up A Hill)

7. Jogando Box
(Boxing)

8. Rodando Pião
(Spinning A Big Top)

9. Rolando O Aro
(Rolling A Hoop)

10. Abrindo Os Braços, Mas Na Ponta Dos Pés
(Raising Arms Up And Up On Toes)

Abrindo os braços

Na ponta dos pés

Abrindo os braços na ponta dos pés

11. Upa, Upa, Cavalinho!
(Riding Piggyback)

12. Agora Estou Pronto Pra Tocar Vamos A Aula Começar
(Fit As A Fiddle And Ready To Go)

A Dose Do Dia sem errar vai me preparar com dedos soltos Hip, Hip, Hur-Rah, já posso tocar.

A Doz-en A Day, be-fore I play, Keeps the kinks a-way; A Doz-en A Day, Hip, Hip, Hoo-ray, makes me feel O. K.